TITRES

ET

TRAVAUX SCIENTIFIQUES

PRÉSENTÉS PAR

M. LE DOCTEUR ALFRED HARDY

A L'APPUI DE SA CANDIDATURE

A UNE CHAIRE DE PATHOLOGIE INTERNE

À LA FACULTÉ DE MÉDECINE DE PARIS

PARIS

TYPOGRAPHIE HENNUYER ET FILS

7, RUE DU BOULEVARD, 7

1867

TITRES

ET

TRAVAUX SCIENTIFIQUES

PRÉSENTÉS PAR

M. LE DOCTEUR ALFRED HARDY

A L'APPUI DE SA CANDIDATURE

A UNE CHAIRE DE PATHOLOGIE INTERNE

A LA FACULTÉ DE MÉDECINE DE PARIS

PARIS

TYPOGRAPHIE HENNUYER ET FILS

7, RUE DU BOULEVARD, 7

1867

TITRES
ET
TRAVAUX SCIENTIFIQUES

PRÉSENTÉS PAR

M. LE DOCTEUR ALFRED HARDY

---

§ 1er.

POSITIONS MÉDICALES OCCUPÉES, ANTÉRIEUREMENT OU ACTUELLEMENT, PAR M. ALFRED HARDY.

1. Interne des hôpitaux de Paris, en 1833.

2. Lauréat de l'école pratique de la Faculté de Paris (1er prix), en 1834.

3. Chef de clinique de la Faculté de médecine, à l'hôpital de la Charité, sous le professeur Fouquier, en 1839.

4. Médecin du Bureau central des hôpitaux, en 1840.

Et successivement :

Médecin de l'hôpital de Lourcine, en 1845.

Médecin de l'hôpital de Bon-Secours, en 1846.

Médecin de l'hôpital Saint-Louis, en 1851, position occupée actuellement par M. Hardy.

5. Agrégé à la Faculté de médecine de Paris, en 1847.

6. Chargé du Cours de clinique des maladies de la peau, à la Faculté de médecine de Paris, en 1862.

7. Membre de la Société médicale des hôpitaux de Paris.

8. Membre honoraire, ancien secrétaire, ancien vice-président de la Société Anatomique de Paris.

9. Placé le second sur la liste de présentation adressée par la Faculté de médecine de Paris à M. le ministre de l'instruction publique, en novembre 1866, pour la chaire de thérapeutique.

§ II.

ENSEIGNEMENT.

Depuis l'année 1851, M. Hardy s'est livré à l'enseignement médical par des cours qui ont eu lieu tous les ans sans interruption et dans l'ordre suivant :

Enseignement officiel.

10. *Cours de Pathologie interne*, professé à la Faculté de médecine de Paris, pendant le semestre d'hiver 1851-1852, en remplacement du professeur Duméril.

11. Le même *Cours de Pathologie interne*, professé à la Faculté de médecine, pendant le semestre d'hiver 1854-1855.

12. *Cours complémentaire de clinique des Maladies de la peau*, professé pendant le semestre d'été de l'année 1863.

13. Le même cours en 1864.

14. Le même cours en 1865.

15. Le même cours en 1866.

Dans ces cours, M. Hardy s'est occupé non-seulement des maladies de la peau, mais il a saisi toutes les occasions de traiter au point de vue théorique et pratique les questions relatives à la syphilis et à la scrofule. Dans son enseignement, M. Hardy s'est efforcé de démontrer que les maladies de la peau ne constituent pas, comme on l'a dit, une spécialité, en dehors de la pathologie, mais, au contraire, qu'elles sont soumises aux mêmes lois pathologiques que les affections de tout autre appareil.

Enseignement libre.

16. *Cours public de Pathologie interne*, professé à l'école pratique de la Faculté de médecine, pendant l'année 1852. (Inflammations de l'appareil nerveux, de l'appareil génito-urinaire, de l'appareil locomoteur et de la peau. Hémorrhagies.)

17. Le même *Cours de Pathologie interne*, professé à l'école pratique de la Faculté de médecine, en 1853. (Maladies de l'appareil digestif.)

18. Le même *Cours de Pathologie interne*, professé à l'école pratique de la Faculté de médecine, en 1855. (Maladies de l'appareil respiratoire.)

19. Le même *Cours de Pathologie interne*, professé à l'école pratique de la Faculté de médecine, en 1856. (Maladies des appareils digestif et génito-urinaire.)

20. Le même *Cours de Pathologie interne*, professé à l'école pratique, en 1857. (Maladies du système nerveux.)

21. *Cours clinique des Maladies de la peau*, professé à l'hôpital Saint-Louis, pendant les années 1853, 1854, 1855, 1856, 1857, 1858, 1859, 1860, 1861, 1862.

Dans ces cours, M. Hardy a enseigné les maladies de la peau à plusieurs générations d'élèves et de médecins.

§ III.

PUBLICATION DE MÉMOIRES OU D'OUVRAGES RELATIFS A LA PATHOLOGIE INTERNE.

22. *Observation de phlébite osseuse avec abcès viscéraux, sans plaie extérieure.* (Bulletins de la Société anatomique, année 1837, p. 144.)

Dans ce travail, intéressant par le fait d'une phlébite généralisée sans plaie extérieure et par la difficulté du diagnostic, l'auteur cherche à s'appuyer sur l'observation qu'il rapporte pour prouver la nécessité d'une inflammation veineuse comme point de départ de la formation des collections purulentes disséminées qu'on rencontre dans la maladie désignée communément sous les noms de fièvre purulente, résorption purulente, etc.

23. *De l'emploi des caustiques dans le traitement des maladies du col de l'utérus.* (Thèse pour le Doctorat, 1836.)

Dans cette thèse, l'auteur, après avoir étudié l'action des différents caustiques, s'élève contre l'abus des cautérisations dans le traitement des maladies utérines, et cherche à poser les indications et les contre-indications de l'emploi des caustiques. On trouve dans cette thèse, mentionnées pour la première fois, des observations de salivation mercurielle après la cautérisation du col utérin avec le nitrate acide de mercure.

24. *Compte rendu des travaux de la Société Anatomique pendant l'année* 1837.

25. *Aperçu sur quelques points de l'histoire de la vaccine en Angleterre, pour servir à l'histoire de la revaccination.* (Journal *l'Expérience*, 22 mars 1838.)

S'appuyant sur les documents statistiques publiés en Angleterre, l'auteur établit : 1° les funestes effets de l'inoculation varioleuse, la mortalité par la variole ayant été considérablement augmentée dans la période de temps pendant laquelle on a pratiqué l'inoculation, cette opération ayant été souvent suivie de mort et ayant constitué une source de contagion et de propagation de la maladie ; 2° la fréquence de la variole chez les gens vaccinés ; 3° l'absence habituelle de gravité de la variole chez les sujets vaccinés ; 4° l'affaiblissement graduel de la vertu préservatrice de la vaccine à mesure qu'on s'éloigne de la vaccination ; 5° l'utilité de la revaccination.

26. *Des concrétions sanguines formées, pendant la vie, dans le cœur et dans les grands vaisseaux.* Paris, 1838.

27. *Remarques et observations sur l'eczema rubrum.* (Moniteur des Hôpitaux, 25 juin 1853.)

Ce travail a eu pour but d'attirer l'attention sur une variété peu connue d'eczema, remarquable par sa marche aiguë, par l'étendue de l'éruption souvent générale et par sa ressemblance apparente avec les fièvres éruptives.

28. *Des maladies cutanées parasitaires et de leur légitimité dans la nosologie dermatologique* (in journal le Moniteur des Hôpitaux, avril 1858).

Dans ce mémoire, publié à propos de la discussion soulevée à l'Académie impériale de médecine par un rapport de M. Devergie sur un travail de M. Reynal sur la *dartre tonsurante contagieuse des animaux*, M. Hardy, s'appuyant sur les recherches microscopiques et sur les observations cliniques, admet l'existence de maladies spéciales, idiopathiques, causées par la présence de parasites végétaux. Il cherche à établir la similitude des affections désignées sous les noms d'*herpes circinné*, d'*herpes tonsurans* et de *sycosis*, s'efforce de démontrer l'avantage d'un traitement rationnel dirigé uniquement contre les parasites, et conclut, d'accord avec M. Bazin, en proclamant les services rendus à la dermatologie par le microscope, lequel instrument a permis de constater l'existence de végétations parasitaires dans quelques affections cutanées, a expliqué la faculté contagieuse de ces affections, et a permis d'instituer un traitement scientifique et rationnel à la place des moyens empiriques employés antérieurement.

29. *Traité de Pathologie interne*, par MM. Hardy et Béhier. — 3 volumes.

Cet ouvrage est devenu un livre classique qu'on trouve entre les mains de la plupart des élèves. La première édition a été épuisée, et les auteurs sont obligés de faire une seconde édition des trois premiers volumes avant de faire paraître le quatrième et dernier volume, auquel ils travaillent actuellement.

M. Hardy présente le *Traité de Pathologie interne*, qu'il a composé en collaboration avec M. Béhier, comme le principal titre de sa candidature.

Le plan de cet ouvrage, l'esprit dans lequel il a été conçu et exécuté, appartiennent également aux deux auteurs. Les articles suivants sont dus exclusivement à M. Hardy :

Dans le premier volume, comprenant la pathologie générale : de la définition de la maladie ; de la marche des maladies, de leur type, de leur durée, de leurs périodes ; de la terminaison des maladies, des crises, des métastases, de la convalescence, de la mort ; du pronostic dans les maladies ; des signes tirés de l'habitude extérieure dans les maladies ; des signes fournis par l'appareil digestif ; des signes diagnostiques et pronostiques que peut fournir l'appareil respiratoire dans les maladies ; des signes diagnostiques et pronostiques fournis dans les maladies par l'appareil génito-urinaire ; des médications atonique, calmante, évacuante, spécifique.

Dans le second volume : des classifications en pathologie ; de la stomatite ; de la glossite ; des angines ;

de l'œsophagite; de la gastrique aiguë; de l'embarras gastrique; du ramollissement de l'estomac; de la gastrique chronique; des perforations spontanées de l'estomac; de l'entérite aiguë; de l'entérite chronique; de l'hépatite aiguë; de la splénite; du coryza; de la laryngite aiguë simple, de la laryngite chronique, de la laryngite œdemateuse, du croup; de la pneumonie aiguë, de la pneumonie chronique; de la pleurésie aiguë, de la pleurésie chronique; de l'artérite; de la phlébite; de la lymphangite; de l'adénite; de l'encéphalite; de la myélite aiguë, de la myélite chronique.

Dans le troisième volume : de la néphrite aiguë, de la néphrite chronique; de la cystite aiguë, de la cystite chronique; de la métrite parenchymateuse aiguë et chronique, de la métrite muqueuse aiguë et chronique; de l'ovarite aiguë et chronique; du rhumatisme articulaire aigu, du rhumatisme articulaire chronique, du rhumatisme musculaire, du rhumatisme viscéral; de la gangrène de la bouche; de la gangrène des poumons; de la stomatorrhagie; de la gastrorrhagie; de l'entérorrhagie; de l'épistaxis; de l'hémoptysie; de l'apoplexie pulmonaire; de l'hémathurie; de la métrorrhagie; du purpura; de la congestion cérébrale; de la congestion pulmonaire; de l'ascite; des névroses en général; des névralgies en général ; de la névralgie faciale ; de la migraine ; des névralgies cervico-occipitale, intercostale, sciatique, etc.; de la gastralgie ; de l'entéralgie ; de la névralgie vésico-anale; de l'angine de poitrine; de l'hystéralgie ; des paralysies en général et en particulier.

30. *Leçons sur les maladies de la peau*, professées à l'hôpital Saint-Louis par M. Hardy. — In-8. Paris, 1858.

Ce premier fascicule comprend les maladies de la peau dites *dartreuses*, les maladies de la peau qui sont sous la dépendance de la scrofule, et celles qui sont sous la dépendance de la syphilis.

31. *Leçons sur les maladies de la peau*, professées à l'hôpital Saint-Louis, par M. Hardy. — In-8, Paris, 1859.

Ce second fascicule contient l'histoire des difformités de la peau, des inflammations de la peau, des maladies parasitaires.

32. *Leçons sur les maladies de la peau*, professées à l'hôpital Saint-Louis, par M. Hardy. — In-8, Paris, 1861.

Ce volume comprend l'histoire complète des maladies désignées sous le nom d'*affections dartreuses*. L'auteur a cherché à donner une définition scientifique du mot *dartre*, lequel lui paraît utile pour indiquer une classe particulière de maladies cutanées se rapprochant par leurs causes, leurs symptômes principaux, leur marche et les moyens de traitement qu'on peut leur opposer.

Dans ce volume, l'auteur a discuté la question de l'arthritis posée par M. Bazin comme cause de plusieurs maladies cutanées. Il conclut en cherchant à démontrer que l'arthritis de M. Bazin comprend deux maladies, la goutte et le rhumatisme, que, par conséquent, ce mot ne peut s'appliquer à un genre nosologique distinct, et que, d'ailleurs, l'influence directe de ce prétendu vice constitutionnel sur les maladies cutanées est loin d'être aussi évidente que le professe M. Bazin.

33. *Leçons sur les maladies de la peau*, professées à l'hôpital Saint-Louis, par M. Hardy. — In-8, Paris, 1864.

Ce volume comprend la description des maladies de la peau de nature scrofuleuse et syphilitique ; la déscription de ces affections est précédée de considérations générales sur la scrofule et sur la syphilis, dans lesquelles sont discutées les questions litigieuses qui se rapportent à ces deux maladies.

Dans ce volume se trouvent émises les opinions de M. Hardy sur la manière dont on doit comprendre et enseigner les maladies de la peau. Il reproche aux auteurs de dermatologie d'avoir voulu créer une classification et presque une pathologie à part pour ces affections. Il pense, au contraire, qu'on doit les rattacher à la pathologie ordinaire, dont elles ne forment qu'une partie comme les maladies de tout autre appareil, et il propose de les classer nosologiquement dans les grands groupes admis généralement pour toutes les espèces morbides, quel que soit leur siége.

34. *Observation de chromhidrose, recueillie à Brest en septembre* 1859 (lue à la Société médicale des hôpitaux, le 28 décembre 1859).

Insérée dans la plupart des journaux de médecine, cette observation relate un cas authentique de cette affection singulière, décrite par M. Leroy de Méricourt et constituée par le dépôt d'une matière noire sur les paupières. La jeune malade observée par

M. Hardy est celle sur laquelle M. Larrey, à l'aide d'expériences multipliées, a constaté, en 1861, l'existence bien réelle de la couleur noire sur les paupières. Malgré quelques dénégations, ce fait paraît rester inattaquable comme exemple d'une véritable chromhidrose.

35. *Dissertation de dermatologie générale.* (Lettre adressée à M. Devergie, *Union médicale*, 7 septembre 1861.)

Dans cette lettre, M. Hardy, repoussant les reproches qui lui avaient été adressés par M. Devergie sur ses opinions en dermatologie, cherche à démontrer tous les inconvénients nosologiques et pratiques de la doctrine anglaise appliquée à l'étude des maladies de la peau, dite *doctrine de Willan*; il cherche à faire ressortir l'avantage d'une classification naturelle des affections cutanées, laquelle réunit, non des éruptions n'ayant qu'un seul point de ressemblance, la lésion élémentaire, mais des maladies ayant de nombreux points de contact relativement à la cause, à la marche, aux symptômes principaux et aux indications thérapeutiques.

36. *Observation de pellagre chez une femme habitant Paris et n'ayant jamais été soumise à l'action du maïs.*

Lecture faite à l'Académie impériale de médecine, le 15 avril 1863.

37. *Du traitement rapide de la gale.* (Note lue à l'Académie impériale de médecine, le 23 avril 1864.)

Dans cette note, M. Hardy décrit le procédé de traitement qu'il emploie, donne la formule de la pommade dont il se sert, et établit, d'après des relevés statistiques officiels, que, pendant douze ans, la moyenne des guérisons obtenues a été de 59 sur 60 malades.

38. Article ACNÉ, dans le *Dictionnaire de médecine et de chirurgie pratiques*, 1864.

Dans cet article, M. Hardy, prenant le mot *acné* comme synonyme de maladie des follicules sébacés, donne une monographie de toutes les maladies qui peuvent affecter ces follicules, et indique les moyens thérapeutiques à l'aide desquels on peut espérer de les guérir. Plusieurs de ces moyens lui appartiennent.

39. Article ALOPÉCIE, dans le même *Dictionnaire*, 1864.

40. Article BULLE, *Maladies bulleuses*, dans le même *Dictionnaire*, 1866.

§ IV.

TRAVAUX RELATIFS A LA THÉRAPEUTIQUE.

41. *Observations sur l'action du poivre cubèbe dans le traitement de la blennorrhagie.* (Société médicale des hôpitaux, séance du 22 janvier 1851. Voy. également le *Traité de Thérapeutique* de MM. Trousseau et Pidoux, t. II, p. 643, 5ᵉ édit.)

Par ces observations, l'auteur a contribué à établir l'opinion que la vertu du poivre cubèbe, du copahu et des autres balsamiques employés contre la blennorrhagie, dépend de l'action topique de l'urine chargée des principes de ces médicaments et agissant directement sur le canal de l'urètre.

42. *Mode de traitement institué et adopté à l'hôpital Saint-Louis pour guérir la gale en deux heures.*

Depuis l'année 1852, M. Hardy a institué à l'hôpital Saint-Louis ce mode de traitement, consistant dans un bain tiède d'une heure, précédé d'une friction générale au savon noir, et suivi d'une friction également générale avec une pommade sulfuro-alcaline. Les résultats statistiques démontrent que ce traitement donne 59 guérisons sur 60 malades. Par son application, on peut traiter tous les ans à l'hôpital Saint-Louis plusieurs milliers de malades (environ 5,000), sans les faire entrer dans les salles.

43. *Traitement du psoriasis par le baume de copahu administré à l'intérieur.* (Leçons cliniques. Leçons sur les affections dartreuses. Paris, 1862, p. 195.)

L'action spéciale du copahu sur la peau a engagé M. Hardy à employer ce médicament dans le psoriasis, affection dont tout le monde connaît la ténacité; il lui doit plusieurs succès bien constatés qui permettent de ranger le copahu parmi les médicaments à employer contre le psoriasis.

44. *Traitement de l'acné par les pommades d'iodure de mercure et les lotions chaudes avec une solution de sublimé.* (Du traitement de l'acné par les préparations d'iodure de mercure; Paris, 1857. Leçons sur les maladies de la peau. 2ᵉ PARTIE. Paris, 1859, p. 119. Et surtout article ACNÉ dans le *Dictionnaire de médecine et de chirurgie*, 1864.)

Des observations nombreuses ont permis à M. Hardy de considérer comme inutiles dans le traitement de l'acné les moyens révulsifs et les agents d'une médication reconstituante, dite *dépurante*; il a constaté, au contraire, les résultats heureux des moyens topiques substitutifs, et il a pu ainsi instituer, à l'aide de lotions d'eau chaude aiguisée d'une légère solution de sublimé et de pommades au proto-iodure de mercure, un traitement qui lui a donné des résultats très-favorables dans les diverses formes de l'acné congestive et inflammatoire.

45. *De l'emploi du goudron dans le traitement des furoncles* (Leçons cliniques).

Depuis l'année 1857, M. Hardy a employé l'eau

de goudron, à la dose de deux à quatre verres par jour, pour combattre la disposition furonculeuse, et il en a obtenu tant de fois des résultats satisfaisants, qu'il en est arrivé à considérer le goudron, administré à l'intérieur, comme le meilleur moyen à employer dans le traitement médical des furoncles.

Paris. — Typographie HENNUYER ET FILS, rue du Boulevard, 7.

Paris. — Typographie Hennuyer et fils, rue du Boulevard, 7.

www.ingramcontent.com/pod-product-compliance
Lightning Source LLC
Chambersburg PA
CBHW060726050426
42451CB00010B/1639